BEI GRIN MACHT SICH IHR WISSEN BEZAHLT

- Wir veröffentlichen Ihre Hausarbeit,
  Bachelor- und Masterarbeit

- Ihr eigenes eBook und Buch -
  weltweit in allen wichtigen Shops

- Verdienen Sie an jedem Verkauf

Jetzt bei www.GRIN.com hochladen
und kostenlos publizieren

Niklas-Max Thönneßen

Der deutsche Idealismus

Zentrale Fragen, deren Beantwortung durch die Idealisten und ihre Staatstheorien

GRIN Verlag

Bibliografische Information der Deutschen Nationalbibliothek:

Die Deutsche Bibliothek verzeichnet diese Publikation in der Deutschen National-
bibliografie; detaillierte bibliografische Daten sind im Internet über http://dnb.d-
nb.de/ abrufbar.

Impressum:

Copyright © 2012 GRIN Verlag GmbH
Druck und Bindung: Books on Demand GmbH, Norderstedt Germany
ISBN: 978-3-656-36240-1

Dieses Buch bei GRIN:

http://www.grin.com/de/e-book/208759/der-deutsche-idealismus

GRIN - Your knowledge has value

Der GRIN Verlag publiziert seit 1998 wissenschaftliche Arbeiten von Studenten, Hochschullehrern und anderen Akademikern als eBook und gedrucktes Buch. Die Verlagswebsite www.grin.com ist die ideale Plattform zur Veröffentlichung von Hausarbeiten, Abschlussarbeiten, wissenschaftlichen Aufsätzen, Dissertationen und Fachbüchern.

Besuchen Sie uns im Internet:

http://www.grin.com/

http://www.facebook.com/grincom

http://www.twitter.com/grin_com

1

Essayist: Niklas-Max Thönneßen • Dozent: xxx xxx

Politik und Gesellschaft • Modul: BMTI

Universität Bonn • Wintersemester 2011/12

Der Deutsche Idealismus

Zentrale Fragen, deren Beantwortung durch die Idealisten und ihre Staatstheorien

„Das Bekannte überhaupt ist darum, weil es bekannt ist, nicht erkannt.", schreibt Georg Friedrich Wilhelm Hegel in „Phänomenologie des Geistes"[1]. Und so setzt er in seinen Denksystemen, wie andere Philosophen des Deutschen Idealismus' auch, so wenig wie möglich als bekannt voraus und fragt nach der „Universalität des Logos"[2]. Sie hinterfragen die Wahrnehmung und dadurch die gegenständliche Welt selbst.

Zum Deutschen Idealismus zählt man den zitierten Hegel, Friedrich Wilhelm Joseph Schelling und Johann Gottlieb Fichte. Strittig ist die Zuordnung Immanuel Kants. Einige Interpreten wie Rüdiger Bubner und Hans Jörg Sandkühler sehen auch Kant durch eine ähnliche Auswahl an bearbeiteten Themen als deutschen Idealisten. Ich würde mich aber dem Standpunkt von Gerhard Gamm anschließen und Kant lediglich als Ausgangs- und Anknüpfungspunkt der Deutschen Idealisten sehen.[3] Die drei unstrittigen Denker beziehen sich zwar immer wieder auf Kant, führen sein Denken aber weiter.

Ein weiteres Argument gegen die Zuordnung Kants zu dieser Strömung ist der fehlende Austausch. Schelling und Fichte hatten zur gleichen Zeit einen Lehrstuhl an der Universität in Jena, den beide wegen des Vorwurfs der Verbreitung atheistischer Gedanken verloren. Die anschließende gemeinsame Arbeit von Schelling mit Hegel, während der sie in regem Briefkontakt mit Fichte standen, manifestiert sich in der gemeinsam herausgegebenen Zeitschrift „Kritisches Journal der Philosophie" (1802-1803).

Zwischen Hegel, Schelling und Fichte gibt es Bezüge und Rückbezüge, ihre Theorien weisen parallele Argumentationsgänge auf. Trotzdem führen diese nicht selten zu gegensätzlichen Schlussfolgerungen und Ansichten. Ich werde diese im folgenden Essay gegenüberstellen.

---

[1]   G.W.F. Hegel: Phänomenologie des Geistes. Frankfurt/M 1970. S. 28

[2]   Gerhard Gamm, Der Deutsche Idealismus, Eine Einführung in die Philosophie von Fichte, Hegel, Schelling, Stuttgart 1997, S. 11

[3]   „Kants Philosophie rechnet man in der Regel nicht zum Deutschen Idealismus." aus: Gerhard Gamm, Der Deutsche Idealismus, Eine Einführung in die Philosophie von Fichte, Hegel, Schelling, Stuttgart, 1997, S. 11

Konzentrieren werde ich mich auf die Rolle des Absoluten.

Anschließen werde ich mit einem Vergleich der Vorstellungen des idealen Staats von Hegel, Fichte und Schelling. Abschließen werde ich mit der Rezeption.

Beginnen möchte ich aber mit der Begriffserklärung des „Deutschen Idealismus".

Wie viele Epochen- oder Strömungsnamen ist der Begriff „Deutscher Idealismus" keine Selbstbezeichnung sondern eine nachträgliche Benennung. Namensgeber sind Karl Marx und Friedrich Engels in „Die heilige Familie oder Kritik der kritischen Kritik", veröffentlicht 1845.

Ontologisch geht der Begriff „Idealismus" von der Existenz rein geistlicher Instanzen aus, die sich nicht auf rein materialistische Strukturen zurückführen lassen. Des Weiteren behauptet der bloße Begriff erkenntnistheoretisch die Abhängigkeit der gegenständlichen Welt von der Wahrnehmung und Vorstellung eines Subjekts, eines Ichs.

Außerdem ist „Idealismus" in der Dichotomie mit „Materialismus" zu verstehen, die Christian Wolff 1740 einführte.[4] Für Wolff zeichnet sich der Idealismus durch die Leugnung der Existenz realer Körper und der Welt aus.

Zentrale Frage im Deutschen Idealismus ist die nach dem Absoluten, das die Idealisten als den Gegenstand philosophischer Erkenntnis betrachteten. Es ist das Gesamte der Welt; das, was Endliches und Unendliches verbindet und letztendlich der Grund für alle Einheit. Den Weg zum Absoluten oder dessen Manifestation sehen Hegel, Fichte und Schelling unterschiedlich.

Fichte stellt in „Grundlage der gesamten Wissenschaftslehre" (1794) heraus, dass wir Menschen das „Absolute wohl nie erfassen werden, wenn wir es nicht leben und treiben".[5] Das Absolute ist also nichts, das theoretisch greifbar ist, sondern sich in einem Tätig-sein offenbart. Und dieses ist für Fichte das „ursprünglich schlechthin sein eigenes Ich setzen"[6] des Ichs, des endlichen Menschen. Erst in der Unterscheidung von einem Nicht-Ich, das sich das Ich selbst entgegensetzt, kann sich das Ich auf sich selbst beziehen. In dieser Relation konstituiert das Ich also das Nicht-Ich und bestimmt durch seine Einordnung und Wahrnehmung die Welt um sich herum. Somit liegt das Absolute im Individuum und in dessen Handlung des Setzens. Das Ich ist die erste und letzte Instanz mit seiner subjektiven Wahrnehmung. Wenn jedes Ich seine Welt konstituiert kann es kein faktisches Wissen geben.

---

4 Christian Wolff, Jus naturae methodo scientifica pertractatum, Band 2, S. 449
5 I.H. Fichte (Hrsg.), Fichtes Werk, Band 6, Die Wissenschaftslehre, Vorgetragen 1804, Berlin 1965, S.305
6 ebd. Band 1, Grundlage der gesamten Wissenschaftslehre als Handschrift für seine Zuhörer (1795), S. 98

In einer Überarbeitung der Wissenschaftslehre von 1801 relativiert Fichte das Wissen des Ichs als Reflexion eines göttlichen Absoluten, verortet das Absolute also nicht im Ich sondern transzendental. Das Absolute unterscheidet sich in dessen Wesen und seinem Abbild, wobei sich das Wesen aus dem Abbild, dem Urbild, formt. Er bleibt also der Manifestation des Absoluten im Tätigsein treu, in dem sich das Absolute in seiner Reflexion offenbart, „als ein Sicherscheinen im faktischen Wissen."[7]

Die Suche nach dem Absoluten ist für Schelling die nach etwas Unbedingtem, das nicht verdinglicht werden kann. Es ist nicht durch Objekte bedingt, sondern durch Freiheit gesetzt.[8] Dieses Unbedingte sieht er im absoluten Ich und dessen „jederzeit aktualisierbare Möglichkeit (...), sich auf sich selbst verhalten zu können."[9] Das Ich bringt sich „durch sein Denken selbst – aus absoluter Kausalität – hervor."[10] Die Unendlichkeit des absoluten Ichs (der Geist) wird eingeschränkt durch das irdische Dasein, die Natur. Deren Struktur ist nicht, wie bei Fichte, Produkt der Setzung als Nicht-Ich, sondern objektiv. Schelling sieht Ich und Natur als gleichwertige Gegenüber, deren absolute Identität die absolute Vernunft („Identität der Identität") bestimmt. Diese Anschauung ist an den Spinozismus angelehnt, der besagt, dass Materie und Geist nicht getrennt voneinander zu betrachten sind, sondern als Teil einer gemeinsamen Substanz.[11] Für den Namensgeber dieses Weltbilds, Baruch de Spinoza (1632-1677), ist diese Substanz, die alles in sich vereint und neben der nichts existiert Gott oder die Natur.

Problematisch an dieser Weltanschauung für Schelling ist die Rolle der menschlichen Freiheit. Für ihn schafft der Mensch sich die Freiheit im Streben nach Unbedingtheit und unveränderlicher Selbstsein als eine „unendliche Aufgabe".[12] Es geht für Schelling also nicht um das Absolute im individuellen Menschen, sondern um das Unbedingte, das Absolute der Existenz der Menschheit: die Freiheit.

Hegel verbindet die Dualismus-Vorstellung Kants mit der Subjektivität Fichtes. Er sieht das Subjekt in der Anschauung der Substanz (der Welt) in einem Prozess, in dem sich beide einander annähern und verändern.[13]

---

[7] Hans Jörg Sandkühler (Hrsg.), Handbuch Deutscher Idealismus, Stuttgart/Weimar 2005, S.11

[8] J. Hoffmeister (Hrsg.), Briefe von und an Hegel, Hamburg 1969, S. 22

[9] Gerhard Gamm, Der Deutsche Idealismus, Eine Einführung in die Philosophie von Fichte, Hegel, Schelling, Stuttgart, 1997, S. 183

[10] F.W.J. Schelling, Ausgewählte Werke, Vom ich als Prinzip der Philosophie oder über das Unbedingte im menschlichen Wesen (1795), Darmstadt 1966, S. 47

[11] Baruch de Spinoza, Die Ethik, Stuttgart 1986

[12] Gerhard Gamm, Der Deutsche Idealismus, Eine Einführung in die Philosophie von Fichte, Hegel, Schelling, Stuttgart, 1997, S. 185.

[13] ebd. S. 89.

Diese Dialektik erinnert an die Hermeneutik in der Literaturwissenschaft. Der Leser (das Subjekt) begegnet einem Text (der Substanz) mit bestimmten Erwartungen und Vorwissen, dem Leserhorizont. Der Text an sich hat mit seiner Diegese einen eigenen Horizont in der Geschichtlichkeit und Überlieferung, den Texthorizont. Bei der Lektüre verschmelzen beide Horizonte durch Vorurteile und deren Relativierung, bzw. Reflexion bei der weiteren Lektüre. Das Absolute steht für Hegel außerhalb dieser Relationen von Subjekt und Objekt. Es ist nicht durch das Bewusstsein erfahrbar, da dieses jedes Objekt in einer Beziehung zum Subjekt setzt.[14] Hegel vergleicht in „Phänomenologie des Geistes" das absolute Objekt, das nur an sich ist, ohne Relation zu einem Bewusstsein, als den Gegenstand, für den unser Bewusstsein einen Begriff hat, in seinem Streben dem Gegenstand an sich möglichst nahe zukommen.[15] Dieser Gegenstand ist das Absolute, der wahre Geist des Objekts.

Den deutschen Idealisten wurde häufig Atheismus vorgeworfen, weil sie (vor allem Fichte und Schelling) die Existenz Gottes für eine moralische Ordnung nicht als notwendig erachtet haben. Aus diesem Grund verloren beide ihren Lehrstuhl an der Universität Jena. Widersprüchlich sind diese Vorwürfe mit der Suche nach dem Absoluten, die für alle drei in etwas Gott gleichem endet. Im Folgenden werde ich mich daher mit der Auffassung und Rolle der Religion für die deutschen Idealisten befassen.

Hegel kritisiert die christliche Religion als Glaubenssystem, in dem sich die Gläubigen einer Autorität der Kirche unterwerfen, ohne dass diese legitimiert ist. Für Hegel fehlt der Geist des Menschen in der Religion. Durch die Konstituierung des Christentums in der Kirche verrät es die frühen Grundsätze und die Gleichheit der Verteilung von Gütern. Die Form der Religion ist die, „welche die härteste Knechtschaft unter den Fesseln des Aberglaubens und der Degradation des Menschen unter das Tier (…) zur Folge hat."[16]

Dennoch hat die Religion eine immense Bedeutung für Hegel, vor allem für seine Staatsphilosophie. Er sieht in der Religion „die Grundlange des Sittlichen und die Natur des Staates"[17].

Gott ist für Hegel in der Welt immanent, als „Geist im menschlichen Geist".[18] Die Freiheit des Menschen sieht Hegel daher nicht eingeschränkt, weil Gott „sein Selbstbewusstsein nur mittels des

---

[14] ebd. S. 92-63.
[15] Georg Friedrich Wilhelm Hegel, Werke in 20 Bänden, Band 3, Phänomenologie des Geistes, Frankfurt 1971, S. 76f.
[16] Georg Friedrich Wilhelm Hegel, Grundlinien der Philosophie des Rechts oder Naturrecht und Staatswissenschaft im Grundriss, § 270, erschienen in: Werke in zwanzig Bänden, Frankfurt 1993. S. 417
[17] Frank R. Pfetsch, Theoretiker der Politik: von Platon bis Habermas, Stuttgart 2003, S. 429
[18] Hans Jörg Sandkühler (Hrsg.), Handbuch Deutscher Idealismus, Stuttgart/Weimar 2005, S. 22

endlichen menschlichen Geistes erlangen"[19] kann. Gott realisiert sich in der Verbindung und Verschmelzung von Subjekt und Substanz.

Göttlich ist für Fichte ist die moralische Ordnung, die allein aus dem Glauben an ein göttliches Wesen entsteht, ohne dass dieses existieren muss. Der Mensch ist mit seinem reflexiven Denken nicht imstande, Gott zu begreifen.

In den Versionen der Wissenschaftslehre ab 1804 identifiziert Fichte Gott mit dem Absoluten. In der Abhandlung „Über das Wesen des Gelehrten" beschreibt er das Abbild eines „unendlichen Lebens" (Gott) als die Welt.

Gott ist für Schelling als geistiges Prinzip in der Geschichte das Pendant zum „schöpferischen Prinzip der Natur."[20] Der bloße Begriff „Gott" steht für die Einheit von Endlichem und Unendlichem, Realem und Idealem. Gottes Schöpfung sieht Schelling in dem, was vor aller Erfahrung der Geschichte steht.

In der Betrachtung der Staatstheorien werde ich mich auf Fichte und Hegel konzentrieren, da Schellings Beitrag zur Staatsphilosophie nicht nennenswert ist.

Fichte schreibt seine Vorstellung vom Idealstaat in seinem Buch „Der geschloßne Handelsstaat" nieder. Sein Idealstaat zeigt sozialistische Züge, obwohl er die Hauptaufgabe des Staates als Schutz des Eigentums des Einzelnen sieht.[21] Weitere zu schützende Grundrechte sind der Selbsterhalt und die Unversehrtheit des Leibes.[22]

Das Hauptmerkmal seines Staats ist schon aus dem Titel ersichtlich: er ist geschlossen, betreibt keinen Handel mit anderen Ländern, ist also autark. Die Produktion dient zur Grundversorgung und wird zentralistisch reguliert – eine Planwirtschaft.

Die Gesellschaft ist in drei Stände gegliedert: die Produzenten, die Künstler (sie verarbeiten die Produkte weiter und veredeln diese) sowie die Kaufmänner. Zwischen diesen Ständen muss ein qualitatives Gleichgewicht herrschen, das der Staat reguliert. Er bestimmt in der Bildungspolitik auch die Berufswahl des Einzelnen.

---

[19] ebd.
[20] Hans Jörg Sandkühler (Hrsg.), Handbuch Deutscher Idealismus, Stuttgart/Weimar 2005, S. 22
[21] Johann Gottlieb Fichte, Der geschloßne Handelsstaat, Ein philosophischer Entwurf als Anhang zur Rechtslehre und Probe einer künftig zu liefernden Politik, Tübingen 1800, Leipzig 1911, S. 429

[22] Gerhard Gamm, Der Deutsche Idealismus, Eine Einführung in die Philosophie von Fichte, Hegel, Schelling, Stuttgart, 1997, S. 59

6

Die Nationalerziehung ist auch Thema in seinen „Reden an die deutsche Nation" (1808). Schon im Kindesalter sollen egoistische Züge durch „soziale Motivationen" ersetzt werden.[23] In diesen Reden hebt Fichte zudem die besondere Stellung der Deutschen und deren Charakter hervor. Er hält die deutsche Sprache „durch eine überaus lebendigen Kommunikation zwischen den sinnlich-lebendigen und den übersinnlich-intelligiblen"[24] anderen Sprachen gegenüber für überlegen, da diese für ihn keine Muttersprachen sind, sondern wie das Französische von toten Sprachen wie dem Lateinischen abstammen. Er ruft die Deutschen auf, sich gegen die französische Besatzung durch Napoleon zu erheben und einen eigenen Nationalstaat zu gründen.

Ein weiteres Merkmal seines Idealstaat ist, dass keine Ausländer aufgenommen werden dürfen, um die Geschlossenheit des Nationalstaats aufrecht zu erhalten.[25]

Er sieht den Weg zu diesem Staat als schwierig an, da das Nationalbewusstsein der Menschen erst erzogen werden muss. So ist für ihn zunächst eine Entwicklungsdiktatur die richtige Staatsform, bis die Menschen reif für eine demokratische Republik sind.[26]

Hegel schreibt in „Grundlinien der Philosophie des Rechts": „Es ist der Gang Gottes in der Welt, dass der Staat ist, sein Grund ist die Gewalt, der sich als Wille verwirklichenden Vernunft."[27]. So versucht er in seiner Staatswissenschaft den Staat als Ausdruck der Vernunft zu begreifen.[28] Im Staat wird der subjektive Wille zum substanziellen Willen. Der Allgemeinwille ist für Hegel der absolut vernünftige Wille.

Recht und Staat bedingen sich gegenseitig, da das Recht den Staat erst legitimiert und das Recht erst im Staat möglich ist.

Ideale Staatsform ist die Monarchie, in dem ein Monarch die Selbstbestimmtheit und Vernunft repräsentiert und der Wille des Monarchen allgemeiner Wille ist. Die geschichtsphilosophische Weisheit des Monarchen führt zu dessen objektiver Vernunft und verhindert Willkür. Die Gewalt wird in Fürstliche, Regierungs- und gesetzgebende Gewalt geteilt.[29] Die Regierungsgewalt muss die Befehle des Fürsten ausführen, ihr unterstehen die polizeiliche und die richtende Gewalt.[30]

---

[23] ebd. S. 41
[24] ebd. S. 42
[25] Johann Gottlieb Fichte, Der geschloßne Handelsstaat, Ein philosophischer Entwurf als Anhang zur Rechtslehre und Probe einer künftig zu liefernden Politik, Tübingen 1800, Leipzig 1911, S. 450

[26] Frank R. Pfetsch. Theoretiker der Politik: von Platon bis Habermas. Stuttgart 2003. S. 667ff
[27] Georg Friedrich Wilhelm Hegel, Grundlinien der Philosophie des Rechts oder Naturrecht und Staatswissenschaft im Grundriss, erschienen in: Werke in zwanzig Bänden, Frankfurt 1993, S. 403
[28] Urs Marti, Studienhandbuch Politische Philosophie, Zürich 2008, S. 147
[29] Frank R. Pfetsch. Theoretiker der Politik: von Platon bis Habermas. Stuttgart 2003. S. 670ff
[30] Georg Friedrich Wilhelm Hegel, Grundlinien der Philosophie des Rechts oder Naturrecht und Staatswissenschaft im Grundriss, erschienen in: Werke in zwanzig Bänden, Frankfurt 1993, S. 457

Die Regierungsgewalt wird durch Berufsbeamte gebildet. Berufsbeamte kann jeder Mann mit besonderer Befähigung werden.[31] Die gesetzgebende Gewalt bildet ein Zweikammernsystem aus Adligen und Bürgern.[32] Der Fürst segnet die Gesetzesvorschläge ab. Wer Monarch ist, ist für Hegel nicht entscheidend. Daher plädiert er für eine Erbmonarchie, die keine menschliche Willkür der Ernennung zulässt.[33] Die Volkssouveränität lehnt Hegel ab.[34]

Friedrich Heinrich Jacobi setzte sich sehr aktiv, oft kritisch mit den Thesen der Idealisten auseinander. So kritisierte er in einem Brief Fichte, den er polemisch als „Messias der spekulativen Vernunft"[35] oder „Allsehenden"[36] bezeichnet, dass er für seine These vom absoluten Ich, die Tatsachen so lange ungleich macht, bis eine künstliche Einheit entsteht, mit der er seine These belegt. So schafft Fichte „eine ganz neue Kreatur".[37]

Marx kritisiert in „Thesen über Feuerbach" nicht nur den Materialismus um Feuerbach sondern auch den Deutschen Idealismus: „Die Frage, ob dem menschlichen Denken gegenständliche Wahrheit zukomme - ist keine Frage der Theorie, sondern eine praktische Frage. In der Praxis muss der Mensch die Wahrheit (...) seines Denkens beweisen."[38]
Engels kritisiert in „Die absolute kritische Kritik oder die kritische Kritik als Herr Bruno" vor allem Hegels spekulative Denkweise und die „Halbheit" seiner Thesen.[39]

Auch in der Literatur wurde der Deutsche Idealismus rezipiert, noch zur Zeit seiner Entstehung. Für Friedrich Schlegel ist der Idealismus „Mittelpunkt und die Grundlage der deutschen Literatur."[40] Die Frühromantik hatte ihr Zentrum in Jena. Auch durch diese räumliche Nähe findet man in der Frühromantik ähnlichen Themen und Denkweisen wie im Deutschen Idealismus, wenn sich auch die Methoden unterscheiden. So versuchen die Dichter, zu nennen sind hier Novalis und die Brüder Schlegel, das Absolute durch ihre Kunst zu vermitteln, vor allem thematisch aber auch zum Beispiel, indem sie das Unendliche (die Inspiration und Idee) mit etwas Endlichem (die Tinte, das Papier) verbinden.

---

[31] ebd. S. 460
[32] ebd. S. 474-476
[33] ebd. S. 451
[34] Urs Marti, Studienhandbuch Politische Philosphie, Zürich 2009, S. 150
[35] Friedrich Heinrich Jacobi: Jacobi an Fichte, Hamburg 1799, S. 2
[36] ebd.
[37] ebd.
[38] Karl Marx: Thesen über Feuerbach, erschienen in: Marx-Engels Werke, Band 3, Berlin 1969, Seite 533
[39] Friedrich Engels: Die absolute kritische Kritik oder die kritische Kritik als Herr Bruno, erschienen in: Marx-Engels-Werke, Band 2, Berlin 1972, S. 90
[40] Friedrich Schlegel, E. Behler (Hrsg.): Historisch-Kritische Ausgabe, 1958, Band 3, S. 5

Doch die Romantiker nehmen das idealistische Denken nicht nur in ihre Kunst auf, sondern führen es auch weiter. Dabei stellen sie keine kompletten Denksysteme wie Hegel, Fichte und Schelling auf sondern präsentieren ihre Gedanken und Ideen in loser Fragmentform. Zu nennen ist hier das Athenäum, eine elitäre Zeitschrift, die den Brüdern Schlegeln in Jena herausgegeben wurde.

Auf Novalis geht der magische Idealismus zurück, der an Hegels Auffassung des Absoluten anschließt. Novalis sieht die Religion und die Kunst als Mittel, das Absolute greifbar zu machen.

Literaturverzeichnis:

Primärliteratur:

- Georg Friedrich Wilhelm Hegel

   | Grundlinien der Philosophie des Rechts oder Naturrecht und Staatswissenschaft im Grundriss, erschienen in: Werke in zwanzig Bänden, Frankfurt 1993

   | Phänomenologie des Geistes, erschienen in: Werke in zwanzig Bänden, Frankfurt 1971

- Johann Gottlieb Fichte

   | Die Wissenschaftslehre, Vorgetragen 1804, erschienen in: I.H. Fichte (Hrsg.), Fichtes Werk, Band 6, Berlin 1965

   | Der geschloßne Handelsstaat, Ein philosophischer Entwurf als Anhang zur Rechtslehre und Probe einer künftig zu liefernden Politik, Tübingen 1800, Leipzig 1911

- Friedrich Wilhelm Joseph Schelling

   | Vom ich als Prinzip der Philosophie oder über das Unbedingte im menschlichen Wesen (1795), erschienen in: Ausgewählte Werke, Darmstadt 1966

   | Baruch de Spinoza: Die Ethik, Stuttgart 1986

   | Friedrich Heinrich Jacobi: Jacobi an Fichte, Hamburg 1799

Sekundärliteratur:

   | Gerhard Gamm: Der Deutsche Idealismus, Eine Einführung in die Philosophie von Fichte, Hegel, Schelling, Stuttgart 1997

   | Hans Jörg Sandkühler (Hrsg.): Handbuch Deutscher Idealismus, Stuttgart/Weimar 2005

   | Frank R. Pfetsch: Theoretiker der Politik: von Platon bis Habermas, Stuttgart 2003

   | Karl Marx und Friedrich Engels: Die heilige Familie oder Kritik der kritischen Kritik, MEW, 1845

   | Christian Wolff: Jus naturae methodo scientifica pertractatum, Band 2, S. 449

   | Urs Marti: Studienhandbuch Politische Philosophie, Zürich 2009

   | Stefan Groß: Handelsstaat versus Globalisierung. In: Tabularasa. Jenenser Zeitschrift für kritisches Denken. 2008. Ausgabe 38

   | Martin Meyer: Idealismus und politische Romantik, Bonn 1978

   | Gerhart Hoffmeister: Deutsche und europäische Romantik, Stuttgart 1990

   | Marlon Drees, Zwischen Kunst und Gott, Novalis Hymnen an die Nacht, München 2007